# ORGANICISME

## ET

# ANIMISME

### ESQUISSE DE PHILOSOPHIE MÉDICALE

---

## MÉMOIRE

### PRÉSENTÉ A LA SOCIÉTÉ DE MÉDECINE DE NANCY

PAR

## LE D<sup>r</sup> LHUILLIER

Ancien Aide de clinique à la Faculté de Médecine de Strasbourg, Lauréat
de l'Université, Membre de la Société de Médecine
de Nancy et du Bas-Rhin.

NANCY

IMPRIMERIE ET LITHOGRAPHIE VEUVE NICOLAS, PASSAGE DU CASINO.

---

1864

# ORGANICISME

## ET

# ANIMISME

## Esquisse de Philosophie médicale.

« Ne dites pas comme Bacon : *Viam aut inveniam aut faciam ;* mais travaillez pourtant, et si vous êtes persévérant et convaincu, peut-être plus heureux que Bacon qui cherchait à briser une porte déjà ouverte par de plus forts que lui, peut-être vous sera-t-il donné d'ouvrir modestement à d'autres plus forts que vous qui sauront conquérir la place, une porte qu'ils n'apercevaient pas. »

A. GRATRY. — *Des Sources.*

## I.

Dans ces dernières années on a beaucoup écrit sur la nécessité d'une généralisation, d'une synthèse en médecine, et ce n'a pas été en vain ; l'accueil favorable fait à cette tendance a dissipé bien des préventions et relevé bien des timidités. En même temps toutes les aspirations ont semblé vouloir s'associer dans une même communauté d'efforts, celle de classer tant de matériaux enfantés par une activité plus qu'exubérante. L'association, cette brillante enseigne du jour tiendra, il faut l'espérer, plus d'une promesse, elle est peut-être le prélude d'une ère scientifique nouvelle ; en ralliant les esprits elle donnera aux opinions et aux idées plus de cohésion, elle leur facilitera un essort mieux assuré vers ces grandes généralités qui sont la vie de la science et les conditions d'un véritable progrès.

Sommes-nous loin de ce résultat, il serait difficile de le dire ; quelques-uns croient qu'il n'est pas éloigné, d'autres qu'il est impossible, enfin de plus sceptiques prétendent que nos travaux doivent rester comme fractionnés et confus, parce qu'ils satisfont de

cette manière au caractère le plus saillant des esprits de ce siècle,
à savoir l'individualisme. Quoi qu'il en soit, on peut douter si tous
ces progrès que l'on acclame à chaque heure, rendent l'art médical
beaucoup plus puissant et plus sûr, il en est même qui prétendent
qu'il est malade, et qu'à force de pencher trop d'un côté au détriment des autres, il est sur le point de perdre l'équilibre. Voilà une
opinion qui fera sourire bien des esprits incrédules et plus que
jamais confiants en eux mêmes, et pourtant si l'on va au fond des
choses, si l'on consulte les faits, les anecdotes, les divers incidents
de la scène médicale et surtout ce courant de croyances qui circule
dans la masse, à laquelle nous vouons veilles et sueurs, on ne
laisse pas que de revenir tant soit peu inquiet et soupçonneux.
Et de fait, depuis la révolution opérée au commencement de ce
siècle, dans les sciences médicales, par les recherches anatomiques
et les procédés d'auscultation, les médecins qui se croyaient près
d'arriver à un brillant et solide positivisme, finissent aujourd'hui
par se trouver renfermés dans un cercle qui s'élargit peu, une analyse trop minutieuse et trop avide étouffe les facultés de généralisation, et ne laisse place qu'à deux sentiments, une affirmation
intempestive ou un doute qui n'est pas toujours la sagesse du sage.
Aussi est ce un curieux spectacle que cette agitation qui consiste
à ressasser les mêmes questions et à les retourner en tous sens,
ou qui finit par répéter une phrase célèbre, par jouer le même air
avec des variations diverses. Et les journaux de s'exclamer et les
journalistes de vouloir briser leurs plumes (1) à la vue des incidents
mélodramocomiques qui se jouent çà et là sur les scènes les plus
aristocratiques du monde médical. Certes ce n'est vraiment pas la
faute des médecins : la force des choses, la pression des idées
et des intérêts, des systèmes en vigueur, les retiennent dans un
cadre très-resserré ; (2) au lieu de trouver une issue de plus en plus

(1) *Le Progrès.*
(2) M. Pidoux dans une lecture à la Société d'hydrologie, sur la
goutte et le rhumatisme, vient d'ouvrir une nouvelle voie ; nous di-
sons aux jeunes travailleurs d'y entrer et de l'élargir de toutes leurs
forces.

facile à leur marche en avant, ils se voient presque forcés d'aboutir à la spécialité ou au scepticisme : s'ils ont de grandes espérances, s'ils conçoivent de grands desseins, il leur manque pour les réaliser une méthode légitime, une route déjà tracée, un idéal oserai-je dire.

Des eaux, des airs et des lieux, ce titre d'un chapitre du divin vieillard, porte dans ces trois mots, une ampleur, une majesté qui excite non-seulement une sorte d'admiration, mais encore de l'enthousiasme ; par ces trois mots le génie d'Hippocrate semble avoir voulu planer d'avance sur tout l'avenir et embrasser le monde de la science ; il nous a laissé un héritage, cette grande perspective, comme la base de tous les progrès futurs, comme l'aiguillon des aspirations les plus larges.

Pour rentrer dans cette voie, ce qu'il faudrait à nos labeurs, à notre infatigable esprit de recherches, c'est une théodicée dirai-je, pour me servir de l'expression d'un publiciste, expression bien blâmée pourtant, qui a excité les hauts cris, mais qui n'en est pas moins bien légitime pour ceux qui trouvent dans l'époque actuelle, de nouveaux éléments de renaissance.

N'est-ce pas la théodicée qui en enveloppant les esprits comme dans une sorte d'incubation leur a permis à l'heure de la maturité de développer ces rares qualités d'inspiration, de ténacité et surtout cette force d'ensemble et de synthèse, dont le mouvement scientifique actuel n'est vraiment qu'une conséquence très-éloignée, et pour le dire en passant lorsque l'on voit chaque jour des intelligences généreuses, rechercher si aveuglément les nouveautés les plus étranges(1), on en vient presque à désirer que l'esprit d'immobilisme des âges passés, moins stationnaire qu'on ne pense assoupisse pour un temps cette fougue de gaspillages et de dissipations.

« Nous sommes immobiles, disait un penseur de l'*Union médicale*, nous vivons comme des rentiers sur les anciens chefs-d'œuvre, sur les réputations faites. » Jusqu'à quel point cela soit vrai, je l'ignore, mais on peut assurer que la plus grande part du mouvement que nous ayons aujourd'hui, vient de la spéculation, aussi

(1) *La Circoncision.*

est-ce un art très-habile et très-couru que celui de mettre au jour
du neuf; on s'empare d'une nouveauté quelconque, on la pare des
plus beaux atours, puis on l'acclame, on l'étale jusqu'à ce que la
foule lassée et froide la jette dans l'oubli : cette soif de la nouveauté nuit à la science parce qu'elle empêche la maturité, bien
plus la conception d'œuvres sérieuses, on peut aujourd'hui défier
le plus énergique des travailleurs d'édifier une théorie du principe vital, par exemple en supposant qu'elle fut à faire, il échoue-
rait on ne l'écouterait pas.

C'est que nous n'avons plus cet esprit de croyances que possé-
daient tous ces grands hommes qui ont tant influé sur la marche de
notre art; ils avaient une théodicée, ils appartenaient à un système
d'une admirable unité qui embrassait toutes les choses de la terre,
aussi bien que celles qui allaient au-delà, et c'est en elle qu'aidés
par un génie d'intuition remarquable, ils puisèrent la plupart
des lumières qu'ils nous ont transmises. Ils n'avaient pas la quantité
de nos matériaux, les nombreuses découvertes qui nous déshabi-
tuent de l'admiration, nos procédés si adroits d'investigation, et
néanmoins beaucoup des lois qu'ils ont posées sont restées dans
la science confirmées chaque jour par leurs arrière-neveux. Ainsi
pour ne citer qu'un détail très-minime, Boerrhave avait presque
deviné déjà l'état pavimenteux de certains tissus. Sans doute ils ont
eu leurs jours de déchéance, on les a accusés d'avoir abusé du
raisonnement, de s'être livrés à des théories abstraites, mais leurs
successeurs méritent d'autres reproches, s'ils n'ont pas abusé de
l'abstraction ils ont en s'éloignant d'elle, matérialisé la science au-
delà de toute expression, et c'est une faute qui pèse encore sur
nous aujourd'hui.

Un moyen de s'en convaincre c'est de mettre en regard toutes
les définitions que l'on a données de la fièvre, on est surpris en
les parcourant de ne pas y trouver cette progression dans les
termes, qui en jetant plus de clarté dans les idées déroule d'un
trait, même en se rétrécissant, leur marche ascensionnelle vers le
vrai, elles sont moins hardies au contraire au fur et à mesure
qu'elles se rapprochent de nous, on y saisit presque une sorte

d'abdication qui se résume dans l'exposé bref et rapide de phéno-mènes purement physiques ; le matérialisme et le positivisme de l'époque s'en remettent pour l'explication de la plupart aux re-recherches ultérieures du microscope et des analyses chimiques.

C'est à Stoll, à Reill, à Hoffmann qu'il faut remonter pour trou-ver un effort à généraliser les phénomènes fébriles sous le point de vue de la vie dans un plein exercice, si l'on pout parler de la sorte ; la vie voilà bien en effet le but des connaissances du méde-cin, lui qui la conserve ou la prolonge. Mais la vie n'est pas cet état d'un être qui se meut, qui respire, qui digère ; la vie se ré-sume surtout dans ce foyer interne, qui pense, sent, se passionne, désire, s'irrite, souffre ou jouit, et produit en lui comme hors de lui, cette multitude d'actes qui sont autant de drames plus ou moins émouvants. Voilà un des côtés de la science qui doit intéresser le médecin, à l'égal des recherches dans la chair morte : c'est celui-là que les grands hommes des âges passés cherchaient à saisir, à ne jamais perdre de vue dans leurs méditations ; le plan humain malgré les ténèbres dont il était voilé, ils en saisissaient l'ensemble avec un esprit de croyances qui leur a permis quelquefois de voir plus haut et plus loin que nous : il leur fallait l'organisme un et indivi-sible, et peut être qu'avec nos connaissances actuelles ils seraient arrivés plus vite vers l'unité de la science médicale.

Si les esprits voulaient revenir à cette largeur de méthode, la synthèse deviendrait facile, la généralisation serait bientôt faite ; nous avons vu avec plaisir cette tendance accusée dans un travail de M. Marchal de Calvi, sur la médecine localisatrice. Il s'agirait de reconstituer l'homme et de le présenter sous son type le plus vrai et le plus fidèle : son point de départ et son but, sa nature morale, sa substance matérielle, ses rapports avec les créatures et avec la nature qu'il domine, tel devrait être le programme du premier cours d'une école de medecine ; après avoir jeté le plan de l'édifice, on s'occuperait plus aisément des œuvres de détail ; or, aujourd'hui on étudie ces dernières, sans avoir la clef de leur ensemble ; et lorsque l'esprit étouffé sous la variété des sciences soit-disant libérales et accessoires, cherche à se faire le type de la vie, il échoue ; il ne peut arriver au sommet de ses aspirations, car il est fatigué et déjà il doute.

Nous n'avons pas ici l'intention de remplir les lacunes que nous déplorons, nous n'en avons ni la force ni les talents, uous le confessons bien volontiers, nous voulons seulement jeter quelques données qui pourront trouver ailleurs une généralisation plus féconde.

L'homme est un petit monde a-t-on dit, et spectacle admirable on retrouve éparpillés dans l'univers, les qualités et les vices qui le caractérisent ; dans cette antithèse avec une nature brute et irresponsable, l'humanité semble daguerréotyper tout ce qui l'entoure pour le faire vivre libre ; chaque végétal, chaque animal, présente un caractère ou plutôt un sentiment qui le personnifie à l'œil des clairvoyants et des penseurs, de même que chaque individu humain, chaque famille, chaque race se développe par une vertu prédominante, ou meurt par les excès d'un vice. Bien plus, c'est que sur cette échelle morale l'homme dans son organisation est le résumé parfait, idéalisé de toutes les créations terrestres ; il y a une triplicité d'action physiologique entre le minéral, le végétal et l'animal, dont il est aboutissant, et non seulement le végétal et l'animal fournissent à l'homme les éléments de sa substance, mais en lui tissant son étoffe, si l'on peut dire, ils l'assujetissent en même temps dans une certaine mesure, aux lois auxquelles ils sont respectivement soumis ; il découle de cette donnée des considérations qui emportent considérablement à la physiologie et à la thérapeutique.

L'homme résume donc les trois règnes par sa structure de même que trois aspects différents, mais intimement unis, le constituent tout entier : la vie végétative, la vie des impressions ou la sensibilité, la vie de l'intelligence ou le psychisme : ces trois aspects on leur trouvera même une expression matérialisée, dans le corps social, depuis l'ascetisme le plus élevé jusqu'au matérialisme le plus étroit. C'est par la vie végétative que les tissus vivants se rapprochent du végétal, ils ont comme lui leur végétation, leur évolution, ce qui les distingue il est vrai, c'est que la plante se développe par nne sorte de juxtaposition moléculaire, mais dans son développement, sa croissance, ses imbibitions, ses réparations, on peut trouver des lois qui sont communes à tous les tissus; exemple, une entaille dans l'écorce d'un arbre, une solution de continuité à la peau. Tout l'organisme est sous l'influence d'un grand fait, celui d'une génération incesante; recomposition et décomposition intime, base de la santé, source de maladies : fonction générale qui renferme en elle, ce que l'on appelle la nature médicatrice, et qui fournit à Hippocrate les données de sa doctrine immortelle; les cellules qui composent la trame des tissus se décomposent et se reconstituent sans cesse, la cellule morte usée fait insensiblement place à la cellule jeune et neuve, avec un mouvement d'autant plus rapide que la substance est douée de plus de cohésion ou de striction; là ne pourrait-on pas trouver la cause de ces abcès qui surviennent dans la convalescence des maladies septiques; ceux que l'on a observé à la suite du scorbut chez les soldats de la cavalerie; les observations sur la coloration des os ne pourraient-elles pas nous aider à expliquer cette circonstance, et à en faire tirer des corollaires de pathologie générale.

Les chimistes sont portés à expliquer la vie au point de vue de leurs combinaisons et de leurs réactifs; dans les organismes la chimie n'est qu'un résultat, qu'une face des choses; elle est rarement une cause ou une action vitale; ainsi par la course l'hematose devient plus complète, la circulation plus active, la calorification plus intense, il survient ce qu'on appelle un échauffement, la fibrine du sang augmente; que cette course se prolonge, qu'elle surmène l'individu, la fibrine du sang tout à l'heure en excès diminue, semble se précipiter et le sang s'altère. Il n'y a rien dans ces phénomènes que la chimie puisse revendiquer comme sien, elle constate le genre du résultat, elle caractérise l'effet voilà tout: au-dessous d'elle il y a une question de nutrition, un désordre dans le mouvement végétatif.

Les propriétés des trois règnes sont intimement réunies en nous; elles s'entremêlent dans un état d'unité admirable, et c'est ce qui détruit toute tentative de doctrine exclusive, ainsi pour en donner

un exemple, l'élasticité est une propriété de la matière, un phénomène de physique, c'est aussi une propriété des végétaux, chez
l'homme elle sert de levier à certaines productions, à certaines
opérations, quoi de plus élastique que le tissu des artères ; mais il
faut des moteurs à cette élasticité, ce sont d'une part l'impressionnabilité de la membrane interne au contact de l'ondée sanguine, de
l'autre l'influx nerveux si abondamment répandu dans les organes
de la circulation au moyen des mille rameaux du grand sympathique.
C'est en prenant considération de la vie végétative chez les individus que l'on peut éclaircir ses idées sur l'opportunité d'une alimentation quelconque ; le végétal s'assimile ce qui lui est sem-
blable ou s'identifie le mieux avec lui, de même l'animal, et chez ce
dernier la force des tissus, la dureté de la fibre exige des aliments
de haut ton ; il en est également ainsi chez les hommes qui pré-
sentent entr'eux des différences si variées, et dont les degrés
pourraient presque correspondre à ceux de l'échelle animale dans
une certaine mesure, ajouterais je fort respectueusement. Nous
avons soigné une personne atteinte d'une de ces affections diathé-
siqnes que l'on s'efforce de modifier d'ordinaire par des aliments
très-stimulants et très-azotés, eh bien ceux qu'elle préférait toujours et dont elle profitait étaient les viandes de poulet, de lapin
etc.; le bœuf, le mouton lui causaient de la répugnance, une pe-
santeur générale invincible ; après un repas de ce genre elle
n'était pas satisfaite. Pourquoi cela, sinon parce que ces viandes s'éloignaient trop de la nature de sa constitution et qu'il en
résultait une assimilation incomplète et vicieuse : voilà un fait qui
s'accorde avec le principe, avec la loi physiologique et qui prouve
que nos indications doivent se puiser dans les exigences de la nature
organique, plutôt que dans des idées faites d'avance.

Cette vie végétative qui anime nos tissus, les reliant entr'eux
par une puissance secrète de cohésion ou d'harmonie, tire de leur
état de striction ou de laxité nos conditions de force ou de faiblesse, c'est là un grand fait qui n'est pas suffisamment apprécié
de nos jours : les nosologistes qui ont voulu s'en servir pour créer
tout un système n'ont point mérité les contradictions et les attaques

de leurs adversaires; c'était un grand pas de fait dans la carrière,
ils ont eu seulement le tort d'attribuer à chacun de ces deux aspects
de la nature humaine, toute une série de maladies qui ne s'y rap-
portent réellement pas; une pneumonie par exemple peut-être tour
à tour hypersthénique ou asthénique; de même une foule d'autres
affections; ces deux états jusqu'à une certaine limite ne sont pour
rien dans la production des maladies, ils ne sont à considérer que
comme un terrain où elles se développent avec plus de promptitude,
et où elles trouvent une modalité, un rythme qui devient la base
de la thérapeutique : voilà le point capital. D'autre part, laxité ou
striction ne sont pas les seuls à considérer; notre organisation repose avant tout sur la circulation du sang et y enfonce ses racines,
séparé de nos tissus, le sang finit par s'y confondre dans les capil-
laires, ce système de vaisseaux primitifs qui jouent un si grand
rôle dans l'économie et auxquels est dévolue une faculté spéciale
d'organisation et de réparation : voilà encore un élément qui a ses
énigmes, ses mystères, mais qui se rattache encore à la vie végétative dont il est le stimulant et le soutien : le sang est une sorte
de fleuve qui reçoit des sources diverses, qui mélange ses eaux
en passant de races en races et les rend ainsi ou plus troubles ou
plus limpides; les parties constitutives du sang ont sur elles-mêmes
un pouvoir régénérateur qui n'a pas encore été suffisamment mis
au jour.

Si tout notre être se bornait à cela, nos maladies seraient certainement plus rares, témoin le règne végétal, le règne animal,
et jusqu'à un certain point la vie sauvage; mais nos tissus, et c'est
ici le point fondamental en pathologie, nos tissus jouissent d'une
propriété qui très-faible et comme à l'état rudimentaire dans le
végétal, possède en eux le *sommum* de sa puissance. c'est l'irritabilité : le jeu de cette propriété a pour condition l'état de laxité
ou de striction des tissus, c'est entre ces deux extrêmes qu'elle a
toute l'échelle de sa modalité; un os n'est pas sensible parce que
la striction de sa fibre est portée au plus haut point, ce n'est que
par un affaiblissement morbide de cette striction que l'irritabilité
s'y développe.

Cette propriété si brillamment étudiée par Haller n'a pas encore amené jusqu'à ses dernières limites les études des thérapeutes; nous croyons que c'est parce qu'on ne l'a pas rattachée suffisamment à une puissance à laquelle elle sert de base et comme de levier; nous voulons dire la sensibilité, cette propriété de sentir et de se mettre en rapport avec l'extérieur, et qui donne à l'homme sa physionomie physique et morale, bien plus on pourrait dire qu'elle est tout l'homme lui-même.

Le végétal reste toujours passif, il ne réagit jamais ou très-imparfaitement; il diffère donc du tissu animal parce que celui-ci au moyen de l'innervation devient une vaste surface secouée, agitée, bouleversée comme une onde par la façon de sentir de l'individu. Ces deux termes sont intimement liés et réagissent l'un sur l'autre au point de se modifier, de s'exalter, de se dénaturer réciproquement; ainsi au moyen de l'irritabilité et par la fonction nerveuse, la vie végétative devient vie sensible, l'individu vit au dehors, comme le dehors se reflète au dedans de lui, et dans cette atmosphère qui le constitue, sa spontanéité, sa liberté porte le trouble, le désordre, la souffrance ou l'harmonie.

Il est facile maintenant de s'expliquer toutes les diversités d'organisation, toutes les spécialités, toutes les idiosyncrasies; l'irritabilité des tissus, leur fermeté, ou leur finesse, ou leur laxité, la qualité plus ou moins riche du liquide qui les baigne, les excite et les fait vivre, la sensibilité qui les met en mouvement, en action, sont des termes qui en se reliant entr'eux, dans des proportions indéfiniment variées, créent tous les tempéraments et secondairement les accidents des maladies, ainsi que les phénomènes inexpliqués ou mal interprétés qui en découlent; il ne faut pas sortir de là, et si l'on s'écarte de ce terrain un moment, on doit y revenir pour trouver le complément de la découverte ou du secret que l'on veut dévoiler. C'est sur ce champ que la matière médicale se réforme, s'éclaircit et s'explique, c'est à ces prémisses qu'elle doit être rattachée, comme nous essaierons de l'expliquer plus tard.

Le rôle de la striction des tissus en rapport avec la sensibilité, nous paraît amplement démontré dans le fait qui suit : par la conti-

nence les tissus du système génital acquièrent un haut degré d'affer-
missement ; ils ont une tonicité intime qui les resserre et les défend
contre les écarts des sensations ; que cette situation se retourne,
que la continence fasse place aux excès, les organes tombent
dans une détente croissante, ils se relachent, en même temps la
sensibilité reprend tout ce qu'ils perdent, elle les domine au point
qne la moindre idée lascive peut produire chez certains individus des
pertes séminales involontaires.

C'est sous le même point de vue que l'on peut expliquer le ra-
mollissement cérébral, cette foulure de la substance nerveuse que
l'on pourrait presque comparer à l'état torpide qu'une marche forcée
développe dans les tissus des pieds ; ici la sensibilité fait l'office
de l'épine enfoncée dans les chairs ; la fonction peut quelquefois
détruire l'organe, comme l'organe étouffer la fonction.

Dans toutes les pages de la pathologie, on trouvera des preuves
à ce qui précède, prenons par exemple la diathèse, voilà un de
ces états morbides qui prouvent l'excellence de mon point de vue ;
c'est dans la vie végétative que là diathèse a ses racines, trouve sa
force d'implantation, d'où elle se projette ensuite au dehors ;
l'ovule fécondé est déjà un organisme, et qu'est-il cependant dans
sa simple expression, une végétation pure et simple, et dans sa
petitesse microscopique, il renferme déjà ses propriétés, ses spécialités, ses qualités de force, de faiblesse, d'expansion, ou bien
ses propriétés à un état tellement réduit qu'il ne fournira qu'un
produit toujours pauvre et chétif. Ce n'est pas toujours dans la
matière, en retournant mille fois ses fibres, ses trames, ses cellules, que l'on dévoile ce qu'elle peut être, c'est-à-dire **sa** nature
intime, la matière, ce qui constitue l'étoffe de l'homme vit sous
deux aspects, l'un matériel et organique, l'autre purement moral
et intellectuel, et qui ne se traduit que par des actes à l'extérieur :
or, si nous ne croyons pas à la diathèse organique, nous ne pouvons nier cette transmission par hérédité d'une physionomie morale,
composée de vices, de passions ou d'aptitudes spéciales, et si le
côté insaisissable de notre nature se perpétue de races en races,
sans que nous puissions mettre au jour cette filiation, cet enchai-

nement, à plus forte raison devons-nous admettre la transmission d'une trame identique avec son antérieure, voyez le vice dartreux, le vice syphilitique, qu'est-ce sinon un parasitisme qui naît, meurt, se reproduit, s'étend, se diversifie sur le corps, aidé par le mouvement de végétation. La vie végétative est donc le vrai point de vue sous lequel on doit considérer l'organisme tout entier, et ses organes n'ont d'autre but que le développement de cet état de croissante constante, tous y concourent et y consentent; c'est avec cette idée que l'on explique la nature médicatrice. Jetez au sein de cette organisation ou plutôt de ce mouvement vital, une cause d'achopement, une entrave, aussitôt la force de végétation quitte son mouvement dans le sens naturel, et comme cette entrave fait l'effet d'un stimulus, elle frappe de prime-abord l'irritabilité, cette propriété fondamentale des tissus vivants : celle-ci imprime au sang un mouvement plus rapide qui a pour effet de doubler l'activité fonctionnelle des différents organes en même temps que sur le siége du mal, là vie acquiert une force double ou triple, si l'on peut dire, au point de brûler son siége lui-même, de le détruire; les forces de l'organisme travaillent dans un nouveau sens, et cela sans réflexion, sans art, mais selon l'étendue de leurs aptitudes, selon la qualité des tissus, selon la qualité du sang qui va partout sans conscience bien certainement, porter la stimulation, la chaleur, le renouvellement moléculaire. Voyons ce qui se passe, quand on coupe la peau, quand y enfonce une épine, et remarquons-le bien. nous ne trouvons cette force appelée nature médicatrice que dans les affections qui frappent la vie végétative, que dans les affections qui pourraient être un arrêt de développement pour la substance; dans ce que l'on appelle phlegmasies ou pyréxies par exemple, les pyréxies qui ne sont le plus souvent qu'une phlegmasie liée à un élément inconnu jusqu'alors, et comme cette vie végétative repose sur un double mouvement d'expansion et de concentration, elle finit toujours par triompher de la cause qui la combat, parce que l'irritabilité fait tourner toutes les forces vers l'expansion, de là, pendant la fièvre, l'accroissement des sécrétions et l'absence du besoin de nutrition, etc.

La bronchite est une de ces maladies qui se terminent parfois sans le secours du médecin, grâce à des sueurs profuses; cette heureuse solution que l'on attribue à l'action dirigeante d'une nature médicatrice, est bien plutôt le résultat d'un jeu tout physiologique : la muqueuse est irritée, enflammée; une matière excessivement tenue est versée à sa surface; cette matière par le mouvement de la respiration et surtout par celui de l'expiration qui est plus puissant, se ramasse insensiblement en flocon comme la boule de neige; ce flocon acide ou alcalin titille la membrane pulmonaire, l'impressionne plus ou moins vivement et excite la toux; cette toux n'expulse seulement pas le crachat, elle fouette aussi la circulation du sang, ajoute comme un coup de piston aux battements du cœur, tout en refoulant avec énergie les liquides à la surface de la peau; de là ces sueurs que l'on regarde à juste titre comme une crise salutaire.

Une considération majeure, c'est que dans un rhumatisme, une névralgie, une névrose, la nature médicatrice reste inactive ou du moins son intervention s'y manifeste à peine parce que la trame des tissus ne se trouve pas en cause; nous n'y remarquons que ce qui constitue le caractère de ces affections qui sont dynamiques avant d'être organiques; nous y voyons la sensibilité exaltée ou diminuée. D'autre part, il est si vrai que l'irritabilité des tissus soit la condition d'être de ce que l'on appelle la nature médicatrice, qu'on ne la rencontre pas là où il y a prostration, affaissement; tandis que d'un autre côté on est parfois obligé de la combattre, comme dans la pneumonie lorsqu'il y a excès de forces. La nature médicatrice n'est donc en un mot que l'exaltation de la vie sous un agent morbide quelconque; elle est une résultante; elle se rattache uniquement aux lois de la vie végétative; la substance de l'être, son *substratum*, comme on a dit, se développe suivant un type donné, et vers lequel il tend toujours à revenir, lorsqu'une cause quelconque l'en éloigne, et c'est à l'aide des lois de la nutrition qu'il reprend toujours le terrain perdu.

La théorie du principe vital pourrait bien n'être qu'une fiction; elle a d'abord un danger, c'est qu'elle tend à ne pas tenir suffisamment compte des influences sur l'organisme de ce foyer de sensations et de volitions que l'on appelle le moi humain. Jusqu'aujourd'hui ce dernier a toujours été trop tenu à l'écart, l'impatience à la douleur, ou l'énergie dans la souffrance, la peur de la mort, des préoccupations morales vives, des déchirements intimes réagissent sur la maladie et lui donnent une impulsion ou une physionomie que l'on attribue trop souvent, à un autre principe, ou dont on veut trouver l'explication dans le trame des tissus ou dans l'état moléculaire des humeurs, on ne fait pas attention que notre substance devient au moyen de l'innervation, une vaste surface agitée, secouée, bouleversée comme une onde par la façon de sentir de l'individu.

## II.

Vie végétative, vie nerveuse, vie psychique, tels sont donc les trois aspects sous lesquels le physiologiste et le médecin doivent considérer l'homme dans l'état de santé ou de maladie ; par le premier de ces aspects ils s'expliquent facilement toutes les idiosyncrasies, toutes les diversités et les spécialités d'organisation qui sous une enveloppe en apparence commune à toutes ont souvent des appétences et des allures si variées et si contradictoires : l'irritabilité des tissus, leur fermeté ou leur finesse, ou leur laxité, la qualité plus ou moins riche du liquide qui les baigne, les excite et les fait vivre, la sensibilité qui les met en jeu, sont des termes qui en se reliant entr'eux dans une modalité indéfinie créent toutes ces nuances dérivées des quatre grandes classes de tempérament. D'autre part en rattachant au moyen de la sensibilité, cette sphère d'activité matérielle à la vie morale de l'individu, à ces influences plus ou moins fortes s'échappant du foyer de sensations et de volitions que l'on appelle le moi humain, ils ne sont ni étonnés ni surpris, des incidents les plus divers qui surgissent en altérant sans cesse la pureté des physionomies pathologiques.

Il faut pourtant le dire, dans nos recherches sur les maladies, le moi humain a toujours été trop tenu à l'écart, on n'a pas voulu suffisamment compter combien l'impatience à la douleur, ou l'éner-

gie dans la souffrance, la peur de la mort, des préoccupations morales vives, des déchirements intimes réagissent sur une affection
pour lui donner une impulsion, un caractère que l'on essaie vainement d'expliquer en fouillant la trame des tissus, ou l'état
moléculaire des humeurs; on ne jette pas toujours peut-être un
œil assez clairvoyant sur cette substance vivante qui au moyen de
l'innervation devient une vaste surface, agitée, secouée, bouleversée comme une onde par la façon de sentir de l'individu.

M. de Molènes qui manie la plume comme l'épée, disait que ces
drames bouillonnant dans le sein de l'homme surpassent en majesté
les spectacles les plus grandioses de la nature.

C'est là une pensée aussi profonde que vraie, et dont le médecin
philosophe doit faire son profit; qu'il lui advienne de diriger une
de ces luttes dont la vie d'un homme est l'enjeu, il se rappellera
que sa tâche n'est pas complète, si après les investigations maté-
rielles les plus actives, il ne cherche pas à démêler, plus haut,
quel est l'état de sérénité ou de trouble de l'atmosphère ambiante.
Cette histoire de l'amour d'un prince, révélée à un certain moment
par l'activité de la circulation n'est point du tout une vaine légende
destinée à dérider pour un temps l'austérité de notre science.

Attentif depuis longtemps à ce côté des attributs réels de la médecine, nous avons eu l'occasion de suivre sur plusieurs de nos
malades l'influence exercée par le jeu de la sensibilité et de l'affectivité dans des conditions de développement diverses; nous
offrirons en passant, à la bienveillante attention de nos confrères,
quelques détails de cette étude.

## Obs. I.

### Indolence du caractère. — Défaut d'impressionnabilité.

M<sup>lle</sup> X..., blonde, assez bien constituée, âgée de 17 ans, était depuis
longtemps chlorotique; d'abord mal réglée, elle finit par ne plus voir;
suivit mal les prescriptions et continua des travaux de labour très-
fatiguants.

Le 11 août 1858, elle vient à la consultation, présentant tous les signes de sa chlorose ordinaire, mais exagérés; accablement général,
fatigue écrasante; palpitations, essoufflement; pouls assez fréquent;

un peu de chaleur à la peau ; souffle carotidien des plus intenses. (Fer, vin de quinquina, camomille.)

13. Elle ne peut sortir de son lit ; peau un peu plus chaude ; langue presque nette ; râles irréguliers et mous en arrière des deux poumons : en palpant le ventre, la main trouve le flanc droit élevé et douloureux, et y produit par la pression un craquement fugace ; ni céphalalgie, ni délire, ni epistaxis, ni diarrhée ; petite toux fréquente ; soif médiocre ; pouls à 100 ; Constipation. (Même traitement. Huile de ricin. Diète).

17 août. On se plaint qu'elle devient sourde ; ballonnement abdominal complet ; diarrhée légère pendant la nuit ; râles typhoïdes plus étendus ; la fièvre acquiert plus d'intensité : ni délire, ni agitation ; la malade reste calme et insouciante. (Kermès ; vésic. susternal.)

Insensiblement cet état s'améliore, la poitrine en même temps que le ventre. (Bouillon et laitage.)

22. Se plaint de tousser davantage et d'avoir mal dormi, le pouls est plus actif ; la chaleur à la peau plus grande ; point de côté ; matité et egophonie à gauche en arrière ; depuis quelques jours elle se bourre de pain sec. (Vésic. volant.)

30. En voie de guérison.

Voilà, certes, une fièvre typhoïde réduite à sa plus simple expression ; la poitrine et l'intestin sont pris simultanément ; un peu de ballonnement qui s'étend à la longue, plus tard de la surdité, le tout encadré dans un certain degré de fièvre, tels sont à peu près les seuls signes de la maladie ; l'affection se trouve confinée, matérialisée dans ce que j'appelle la vie végétative, dans la vie des tissus ; tout ce cortège des symptômes du début, puis le grand appareil d'ataxie et d'adynamie consécutif, n'ont pas fait leur entrée sur la scène, à quoi cela tient-il ? l'aphorisme *sanguis moderator nervorum* n'est pas absolu ; oserai-je dire qu'ici l'impressionnabilité a fait défaut, et qu'en même temps la plasticité du sang par sa faiblesse n'a pas été un terrain favorable à la germination des accidents si redoutés d'ordinaire dans ces cas ; l'affection a été le calque des qualités ou des défauts du sujet, et n'en serait-il pas ainsi d'ordinaire dans la plupart des physionomies morbides ?

Cette jeune fille est d'un caractère placide au suprême degré ; dans sa vie de tous les jours rien ne l'émeut, rien ne l'inquiète, et sa vie nerveuse pour sa part est une sorte de molle indolence que

tout effleure sans la pénétrer ; et fait bien remarquable, c'est à la
fin de la maladie lorsque le repos au lit prolongé, qui lui est si peu
habituel a réparé les matériaux du sang, c'est lorsque non encore
préparée à une alimentation abondante et substantielle, elle se
livre furtivement à des écarts de régime, qu'il lui survient à la poitrine, une des maladies inflammatoires par excellence. Il serait à
désirer, soit dit en passant, que les partisans de l'altération essentielle du sang dans l'entérite folliculeuse, nous expliquassent par
quel revirement subit, ce liquide souffre dans ses éléments une in-
terversion telle qu'il peut se retrouver avec les caractères des
plegmasies type.

Trois mois après, la malade avait repris avec une santé parfaite,
une richesse de développement étonnante ; les individus gnéris de
la fièvre typhoïde, c'est un fait admis, sont comme renouvelés, ils
ont grandi, ils ont plus de corps, une carnation plus riche, des
fonctions plus actives, et le temps est si nécessaire à cette trans-
formation que ceux qui sont trop hâtifs et se nourrissent au-delà
de leur aptitude restent longtemps lourds et bouffis, ils se créent
une pléthore factice. N'y aurait-il pas dans cette maladie un mouvement général de décomposition et de reconstitution pareil à celui
qui refait par exemple tout un os ; c'est une question qui peut avoir
ici sa place.

Comme on le voit l'impressionnabilité est tout dans les maladies,
ou du moins elle y joue uu rôle que l'on a peut-être pas assez
étudié jusqu'à nos jours ; et c'est en l'oubliant qu'un très-distingué
médecin des hôpitaux, semblait ne plus vouloir faire de la pneumonie qu'un des privilèges des sujets débilités, renversant au
moyen de discussions de pathologie humorale, un des axiomes
sanctionné par l'expérience des siècles. L'impressionnabilité dis-je
agit sur le sang, elle agit sur nos humeurs, elle peut même jeter
nos fonctions hors de leur orbite quotidien ; et ce qui est à remar-
quer c'est que la richesse du sang, au lieu d'être un obstacle à ses
écarts, les fixe en les matérialisant.

Le rôle qu'elle joue dans l'organisme est immense ; ainsi par
exemple c'est elle qui donne au nouveau né son premier cri, en le

faisant respirer ; c'est elle qui met en jeu ses fonctions naissantes ; et qu'elle vaste surface elle occupe ; on s'extasie parfois sur l'étendue des surfaces d'apsorption ; l'impressionnabilité ne le cède en rien à cette dernière ; elle a la peau, les yeux, les oreilles, les cinq sens enfin , dont la reflectivité nerveuse,, décuple encore la force ; et faut-il s'étonner qu'elle entrelace dans son jeu, nos volitions, nos fonctions, nos manières d'être, lorsque l'on étudie tout ce réseau nerveux qui ne laisse pas un point de notre organisation sans le pénétrer.

Il fant le dire on commence à tenir plus de cas de sa puissance : le Dr Ligé (1) attribue au cas d'eclampsie, à un excès de sensibilité, à un ébranlement profond du système nerveux : nous avions rapporté il y a plusieurs années un cas de ce genre ; (2) la cause des convulsions nous avait paru résulter d'une douleur dans la lèvre antérieure du col, comprimée par le sommet; cette idée qui ne nous appartient pas et qui est un souvenir des leçons du prof. Stoltz, notre maître, paraît devoir être mieux accueillie qu'autrefois.

Voici maintenant une observation qui forme avec la précédente un contraste très-intéressant, elle confirme tout ce qui précède, et démontre amplement le rôle qnc l'affectivité peut jouer dans les maladies.

## Obs. II.

### Richesse de constitution. —— Peines de cœur.

M$^{lle}$ X..., de T., est une jeune fille de 22 ans, grande, forte, de belle et large structure, et d'un tempérament sanguin prononcé; elle est fiancée il y a peu. Indisposée depuis 8 à 10 jours elle est encore allée à la messe dans une église humide 4 jours avant de s'aliter : on m'appelle le 12 février 1857 : céphalalgie; visage rouge et marbré comme si le sang ne circulait pas; langue sèche; poitrine prise dans toute son étendue; abdomen ballonné et douloureux partout; pouls de force moyenne à 100. Délire incessant; paroles tremblotantes ainsi que les gestes. (Sangsues au creux épigastrique.— Kermès — Frictions merc. à hautes doses.

15. Délire de plus en plus violent : carphologie, crocidisme; dents

(1) *Union médicale*, 1861.
(2) *Gazette médicale de Strasbourg*, 1852.

encroûtées ; ventre toujours plus douloureux ; elle veut saisir le nez ou les yeux de ceux qui l'approchent, et parle surtout de ses noces futures ; elle crie, appelle, veut sortir du lit, il faut plusieurs personnes pour la maintenir.

Vers le 20 ; son état s'éclaircit, elle se lève d'elle-même sur son séant pour que j'écoute sa poitrine ; les assistants disent qu'elle n'obéit qu'au médecin — le ventre s'abaisse et devient presque insensible. — Deux jours après elle me parut hors de danger.

Je cessai de lui donner des soins, on dirigea mal sa convalescence, et quinze après elle succomba. Trois de ses frères de différents âges eurent en même temps qu'elle la maladie, mais sans offrir les mêmes symptômes.

On remarquera en premier lieu la persistance de cette jeune fille gravement atteinte, à se tromper elle-même sur la réalité de son affection ; quatre jours avant la visite où je l'ai trouvée si accablée déjà, elle est encore allée à la messe, par un temps de neige et de froid rigoureux. Une fois vaincue et jetée sur le lit de douleur, aux troubles, conséquences naturelles de la fièvre, se sont joints tous les désordres nés du découragement et du désespoir. Ce n'est pas à tort que Bichat a affecté aux passions un centre spécial dans l'économie ; le cœur est bien une de ces régions où s'agite au moral comme au physique une grande part de la vie humaine, et dans le cas qui nous occupe le cœur est aussi un des organes les plus violemment frappés. Cette jeune malade avait une idée fixe son futur mariage ; toutes ses forces vitales étaient comme ramassées autour de cette espérance, et lorsque la maladie est venue en quelque sorte la briser, le bouleversement moral ne s'est pas seulement concentré dans un des replis du cœur, il s'est jeté sur tout le système nerveux, il a assujetti à ses écarts toute la machine, toute la portion charnelle ; la richesse du sang même, au lieu de lui être un obstacle, a précipité la maladie dans ses phases, en lui fournissant des éléments plus nombreux, une trame plus large.

Et de fait, à part le plus ou moins d'opportunité de la médication pharmaceutique, d'où vient au bout de quelques jours ce calme, cette sorte de rayonnement qui accueille la visite du médecin, sinon du retour de la jeune fille vers ses chères idées ; elle finit par ne plus écouter que lui seul, elle si indomptée pour ceux qui l'entourent, parce qu'il lui a parlé d'espérance, et qu'en paraissant s'associer à la peine, il lui a rendu du courage, de la force, et de nouvelles illusions. Dès le moment qu'elle a consenti à espérer, la maladie a cessé de croître et la fièvre s'est insensiblement apaisée, allant jusqu'au seuil d'une convalescence qu'un stupide empressement n'a pas réalisée.

Dans toutes les maladies cette action du moral sur le physique s'observe avec plus ou moins d'évidence ; lorsqu'un sujet tombe malade, il se fait dans son sens intime une émotion spéciale, indéfinissable, mélange de doute et de terreur ; cette émotion donne au sujet affecté comme un don de seconde vue, et souvent il prévoit les accidents graves dont il sera la proie, comme aussi il rira des appréhensions que susciteraient des prodromes trompeurs comme un feu de paille. Cette émotion est l'analogue du frisson initial des phlegmasies, et ce qu'il faut bien considérer c'est que très-souvent pour ne pas dire toujours, elle a sa condition de développement, de manifestation externe, dans le degré de sensibilité des individus ; plus ceux-ci ont les facultés intellectuelles et morales vives ; plus ils sont amoureux de la vie et de ses jouissances, plus ce frisson de l'âme, si l'on ose dire, retentira avec intensité dans les phénomènes physiques de la maladie ; de là des signes dont nous sommes trop disposés parfois à rechercher la cause dans des altérations de tissus, et auxquels ils est difficile de donner un véritable degré d'importance.

L'action du principe immatériel qui nous constitue se fait sentir au sein de l'organisme dans une mesure beaucoup plus large que certaines écoles ne voudraient l'admettre ; il a entr'autres rôles, celui des affinités ou des répulsions. des sympathies ou des antipathies : dans l'acte le plus animal, par exemple, dans celui de la nutrition, par le goût, il choisit ce qui lui est favorable, il repousse ce qui lui est étranger ; il n'est pas de fonction qui ne subisse son influence d'une manière plus ou moins éloignée ; il est comme une lumière, qui fait l'ordre, l'harmonie, non pourtant sans essuyer parfois certaines défaillances. L'organisme et l'animisme sont vraiment quoique d'une nature différente, comme deux rameaux assis sur le même tronc, entrelacés dans des circonvolutions réciproques, se prêtant un mutuel secours et partageant la même fortune. Bien plus, ils sont deux faits primordiaux, ou plutôt deux règnes complètement indépendants, et présentant sur toutes leurs faces, l'échelle d'une modalité indéfinie; du jour où le plus humble des végétaux a paru à la surface de la terre inhabitée, la vie organique est devenue une existence indépendante de toute création ultérieure, l'organisme s'est affirmé.

Jusqu'aujourd'hui on les a tenus trop séparés l'un de l'autre, quoique leur réunion sous le type le plus parfait qui se puisse concevoir, constitue l'homme tout entier : l'école de Montpellier par la création de son principe vital a relegué l'âme sur des hauteurs inaccessibles, en restreignant sa puissance; d'autre part les doctrines de Sthall lui ont créé un empire qui n'a eu, parait-il qu'une durée éphémère et dont les esprits de l'époque s'éloignent encore parce qu'ils trouvent son joug trop rigoureux.

Nous sera-t-il donné de voir bientôt une fusion qui réalisera la vérité sous son vrai jour? Nous osons le croire, et si ce n'était imprudent nous prédirions que l'animisme vers lequel il se fait un certain retour, gagnera en étendue, tout ce que la théorie du principe vital est destinée à perdre, nous n'en voulons pour preuve que ces paroles nouvelles, sous la plume d'un des maîtres les plus positifs et les plus philosophes de notre époque :

« On semble croire trop généralement que la médecine morale est circonscrite dans le cercle des affections mentales ou de l'aliénation. Quiconque est instruit des influences prodigieuses du moral sur le physique, et réciproquement, sentira que cette partie de l'art s'insinue forcément dans toutes les ramifications de la pathologie, au point que les impressions morales, reproduisent les divers modes d'action que nous avons attribués aux médicaments.

En effet ces impressions sont stimulantes sous la forme des passions expansives, du courage, de la confiance, etc.

Elles sont débilitantes sous l'empire des passions oppressives, du découragement, de la terreur.

Elles sont sédatives sous l'influence de la résignation, de l'espoir, de la philosophie, de la religion (1). »

## Obs. III.

### Insouciance de la vie.

M. X..., âgé de 28 ans, célibataire, vigneron cultivateur ; très-robuste, d'un tempérament lymphatique, fut atteint de fièvre typhoïde à la fin d'une épidémie qui régnait dans son village. Les prodromes furent très-lents chez lui, dominés par sa force, et ne l'empêchèrent pas de continuer des travaux fatiguants, des veilles prolongées, contre lesquels il cherchait à puiser des forces dans la dive bouteille.

A ma première visite : débilitation profonde, soubresauts des tendons ; mouvements irréguliers des bras, incohérence des paroles et des idées ; facies pâle, amaigri, triste ; selles involontaires, douleur dans les flancs ; ballonnement de l'abdomen : peau et langue sèches ; râles typhoïdes, pouls petit, irrégulier. (2)

Kermès : décoction de quinquina pour boisson : gomme. La fièvre au bout de quelques jours devient plus franche, le pouls se relève et se régularise ; on cesse le quinquina ; frictions mercurielles sur le ventre.

Insensiblement la maladie rétrocède ; et malgré beaucoup d'indocilité le malade se guérit ; un phénomène qu'il conserve pendant sa convalescence et longtemps après, c'est un délire subit, une divagation calme qui le prend au milieu d'une conversation ; il semble que son intelligence se replie sur elle-même, comme dans un rêve, ou qu'une sorte d'écran soit par moment subitement interposé entre lui et ceux qui l'entourent. On pourrait l'attribuer à l'ingestion du vin dont il ne se priva pas tous les jours de sa maladie.

En rapprochant cette observation des deux précédentes, les conclusions sont faciles à tirer ; il est même inutile de s'y appesantir beaucoup ; ici peu d'impressionnabilité, une insouciance extraordinaire qui ne s'émeut que des privations ordonnées ; aussi

(1) Prof. Forget. *Principes de Thérapeutique générale et spéciale.*

(2) Tels ont été à peu près les seuls accidents plus ou moins modifiés de cette fièvre.

tous les désordres de la maladie, sont des désordres mécaniques ; une dissociation des forces, reste le phénomène culminant de la fièvre ; sans les râles, les selles involontaires, la douleur abdominale, on aurait pu croire à un *delirinum tremens*.

L'indication n'était pas moins accentuée ; le quinquina avait ici beau jeu, et il a rendu de grands services ; il a certainement sauvé le malade, en remontant l'économie, en lui rendant les ressources dont elle était à bout. Il y a toujours quelque chose qui rationalise nos médications, et cela quelquefois à notre insu : l'empirisme n'est qu'une affaire de circonstance ; un en cas nécessaire, là où la science raisonnée nous fait défaut : il est donc inutile qu'il se drape si majestueusement pour réclamer sa part des destinées médicales ; lorsque les personnages de cette scène qui sont la maladie, le malade et le médecin, sauront s'entendre et dialoguer convenablement, son rôle sera terminé.

L'empirisme a été naguère préconisé en haut lieu, on l'a presque donné comme la dernière formule où devaient forcément aboutir tous les systèmes médicaux ; au lieu d'être un pas dans la voie du progrès, cette apologie ne serait-elle pas plutôt comme un grand cri de désespérance jeté sous les fleurs et les précautions oratoires d'une plume facile et savante ; quoiqu'il en soit, les esprits ne s'y rallieront pas tout entiers, et la formule *a lædentibus et juvantibus fit indicatio* ne sera jamais pour eux qu'un refuge passager ; la curiosité, ce fond de toute science humaine s'enquerra toujours de *causà lædentium et juvantium*, et n'est-ce pas d'ailleurs le suprême effort de l'art ; mais il faut encore croire à mieux que cela, il se fera dans la science médicale un grand positivisme, gloire lointaine sans doute, mais infaillible, et qui n'aura désormais d'autres écueils à craindre que les écarts de la liberté humaine.

Fait bien étrange ! à mesure que l'arsenal du chirurgien se rétrécit et s'affine, à mesure au contraire que par un sentiment d'émulation inopportune, le matériel médical s'amplifie et se gonfle demesurément ; sous ses nombreux appareils bientôt le médecin disparaîtra et n'aura plus de place. Les uns appelleront cela du progrès, les autres de la décadence ; et ces derniers pourraient bien

avoir raison. L'incurabilité des maladies n'en fait pas une classe
à part, naissant de soi-même, ayant de prime-saut quelque chose
de réfractaire à tous nos moyens, non toutes naissent à l'état
simple et leur opiniâtreté ne tient qu'à des influences extérieures,
et aussi parce que la science médicale n'a pas toujours le savoir-
faire ou le pouvoir de s'opposer à leurs déviations : aussi cette
foule toujours plus empressée qui remplit les établissements d'eaux
minérales, les bassins de l'hydrothérapie, les salons des spécialités
les plus à la mode, ne prouve-t-elle que deux faits : d'une part le
désarroi des idées médicales, de l'autre, la révolte parfois sotte
et stupide du client contre la science qui veut le sauver.

Lorsque le médecin saura décomposer l'organisme dans ses éléments fondamentaux, qu'il reconnaîtra chez l'homme malade les
exigences de la vie végétative, et ses rapports avec la sensibilité
et l'animisme, lorsqu'il saura faire le déshabillé complet de la maladie, dès ce jour la thérapeutique rationnelle sera assise sur
des bases inébranlables.

Nos médications ne sont encore que l'héritage plus ou moins mo-
difié des origines de notre science, et comme le proclamait naguères
un des esprits les plus sages et les plus judicieux de l'Académie :
« nos progrès ne sont pas de nature à révolutionner toute la médecine et à annuler les fruits de l'observation vulgaire et de l'expérience commune, recueillis par le travail des siècles; » il est bien
moins pressant d'acquérir pour la matière médicale des agents
nouveaux, que d'enseigner à manier dans les mille circonstances
les vertus de ceux qu'elle possède; des esprits découragés peut-
être par des insuccès fatals, où ne trouvant pas sous leurs pas un
positivisme suffisant, se sont retournés en arrière, et voyant que
les seuls remèdes assurés étaient comme le quinquina, le mercure,
le soufre, des spécifiques, en ont conclu que l'avenir de la thérapeutique dépendait de la recherche de ces derniers moyens, ils
se sont mis à l'œuvre, et les journaux de nous redire chaque matin
leurs succès éphémères.

Si cette idée a une certaine valeur expérimentale, elle n'est point
essentiellement scientifique, bien qu'il existe en effet une spécificité

médicatrice réelle. Ce qui lui donne un démenti, c'est que de tout temps on a guéri et bien guéri, c'est que Sydenham se vantait de renfermer tous les remèdes dans le pommeau de sa canne, c'est l'eau fraîche qui maniée avec une sagacité exquise, produit les effets les plus divers. C'est enfin d'autre part les grandes révolutions médicales de Brown, de Broussais, de Rasori; le tartre stibié nous est resté comme un bienfait des tentatives de l'école italienne, mais remarquons-le bien, ce n'est pas à cause de sa spécificité, c'est à cause de ses grands effets sur la généralité de l'économie, et parmi lesquels ni l'humorisme ni le solidisme n'ont rien à revendiquer; on emploie avec un égal succès l'émétique dans la pneumonie, dans l'artrite, voire même dans la chorée, parce qu'avec lui on agi sur tous les grands rouages de l'économie, on relève ou l'on abaisse l'impressionnabilité, pendant qu'en agissant sur la plasticité du sang, on gouverne dans une certaine mesure les efforts du centre circulatoire : l'anatomie et la physiologie sont, il est vrai, les bases de la thérapeutique, car comme le répétait l'illustre Desault, le corps de l'homme doit être de verre pour le médecin, mais ces deux sciences n'y suffiraient pas si l'étude et la compréhension de la vie chez les êtres ne venait les éclairer.

## Obs. IV.

### Orgueil blessé. —— Exubérance de forces.

En août 1854, le choléra et la suette son dérivé régnait à X... et les villages environnants; M^me Z... fut atteinte de cette dernière et souffrit environ quinze jours. Contrairement à la loi fatale, elle récupéra une santé constamment bonne depuis.

Vers la fin d'août 1857, elle vint à ma consultation; cette dame, âgée de 45 ans, d'une stature athlétique, au caractère viril et plein d'énergie, riche campagnarde habituée aux rudes travaux du labour, ne pouvait rester en place; elle était prise d'une anxiété inexprimable; les yeux animés et injectés; elle se plaignait d'un sentiment d'angoisse poignante qui lui opprimait l'épigastre et menaçait de l'étouffer; elle allait, venait, s'agitait et ce fut avec grand peine qu'elle put se remettre; j'appris d'elle que chaque deux jours elle était ainsi depuis une huitaine et qu'elle n'avait pas été réglée deux fois de suite ; la langue un peu chargée ; le pouls rempli sans grande fréquence ; percussion, auscultation, toucher, sans résultat (saignée). Le lendemain calme parfait.

Le lendemain même scène, on s'en prend à la saignée : bref, ces accidents d'abord intermittents se succèdent sans mesure, avec des moments de calme très-passagers, et malgré l'emploi des anti... les plus variés.

Voici une des crises dont je fus témoin ; elle avait passé une très-mauvaise nuit, et m'avait fait appeler en toute hâte ; elle éprouvait des transports, des anxiétés précordiales qui la mettaient hors d'elle-même ; elle était devenue rassurée et calme, et j'allais me retirer lorsque tout-à-coup son visage s'altéra, prit une expression de stupeur profonde ; elle se leva tout-à-coup disant j'étouffe, s'assit, puis se mit à marcher en poussant et soupirs et lamentations ; sa face pâlit, devint bleuâtre, les lèvres livides, les yeux comme éteints, le pouls s'affaissant au fur et à mesure ; des affusions, des pediluves, des stimulants improvisés la remirent, et elle put se recoucher tranquille jusqu'au lendemain. Bien des accidents de ce genre se renouvelèrent sous différentes formes ; les règles reparurent sans juger l'affection.

Une consultation eut lieu ; un très-honorable et savant confrère ne vit dans ses accidents que de l'hystérie greffée sur un commencement de menopause ; d'abord de cet avis, un peu plus tard en voyant les sueurs, les frissons intermittents et l'anxiété précordiale, je ne crus plus qu'à un retour de la maladie précédente, la suette miliaire ; je fus encore mieux éclairé lorsque j'appris que cette femme après la disparition de ses règles, s'était crue enceinte, qu'en même temps elle avait consulté une sage-femme trop fameuse, que, bien qu'elle n'eut rien fait de ses prescriptions, il en était résulté des commérages fâcheux.

Voilà pour moi la cause pivotale de la maladie, si l'on peut dire ; c'est autour de ces derniers accessoires que doivent se grouper ces mille et un accidents réfractaires à toute médication, l'orgueil blessé, des calculs d'intérêt renversés, la dignité froissée, voilà les trois sources qui fournirent dans un tempérament d'une richesse extraordinaire, tous les éléments d'une affection que l'on ne pouvait nommer. Il ne nous appartient pas de pousser plus loin notre analyse.

Elle alla mieux l'été suivant et se crut en voie de guérison ; mais

en novembre les scènes passées se renouvelèrent, et le retentisse-
ment sur l'état psychique fut encore plus violent ; lorsqu'on exami-
nait cette malade, aucun signe physique ne venait éclairer le dia-
gnostic, aucune lésion, aucun désordre physiologique palpable,
mais ce qui domine dans cette rechute, ce sont les accidents de la
vie morale ; scènes de désespoir sans cesse renouvelées, cris,
colère, peur du suicide, ou de la damnation, tout ce qui peut res-
sortir enfin d'une imagination se fouettant sans relâche. Ma santé
ne me permit pas de continuer la cure, le confrère qui me rem-
plaça mit en œuvre tous les moyens d'une pratique consommée ;
mais sans grande réussite ; la malade devint seulement plus tranquille après l'hiver, lorsque la saison riante d'avril et de mai, eut
rafraîchi cette âme brisée, ce corps à bout d'agitations et de vains
ébats.

Je revis cette dame au mois de septembre dernier, sa carrure
avait considérablement augmentée ; elle s'en étonnait avec affliction,
me montrant ses jambes qui avaient pris un développement extraordinaire, ci n'était ni de l'hydropisie, ni de la bouffissure, mais une
sorte d'exubérance morbide de tous les éléments de nutrition.

Je me demande après le récit d'une affection si complexe et dont
quelques traits seuls sont esquissés, s'il est possible de contester
ou plutôt de nier le point de vue où je me place pour juger cette
névrose. La dualité de notre être nous parait ici pleinement en jeu,
et il est difficile de rencontrer uu tableau aussi complet des influences réciproques du moral sur le physique. Il survient d'abord
une maladie tout ordinaire, une suette épidémique ; il est vrai que
dans la plupart des cas elle affecte le système nerveux et y développe des troubles spéciaux ; mais ces troubles longtemps renfermés,
contenus, se sont ici développés outre mesure ; sous l'influence
d'une passion morale énergique, l'orgueil blessé vient dominer les
faits ordinaires, les faits organiques de la maladie, les assujettir
sous une mobile et capricieuse domination, et mettre surtout en
relief des phénomènes qui émanent de l'ordre moral, des phénomènes psychiques, et ce qui est surtout remarquable c'est que cette
domination s'exerce sur l'organisme par contre-coup avec une

violence telle que la malade a des étouffements, des anxiétés qui la rendent livide et menacent de lui éteindre la vie.

C'est là un effet ordinaire des passions violentes, je ne cherche pas à spiritualiser vainement des symptômes que d'autres rapporteront à une source purement matérielle ; le mot crèvement de cœur a une signification aussi vraie qu'énergique, il consume et tue à la longue : ces paroxismes apparaissant d'une manière comme intermittente, n'appartenaient réellement pas aux affections qui ont communément ce caractère en pathologie « le corps suit les affections de l'âme dans ces sortes de cas, a dit Zimmermann qui a fait un long et intéressant chapitre sur cette question, et il agit comme l'âme sent. » L'intermittence est un des caractères des affections morales vives et de certaines affections nerveuses, comme l'épilepsie et l'hystérie ; l'idée s'épuise dans ses effets jusqu'à ce qu'elle renaisse plus ou moins énergique ; les cris, les pleurs, les sanglots, la retrempent en l'éteignant pour une heure, c'est le *febris spasmos solvit*.

C'est ici du vitalisme vrai, et plus fécond peut-être que celui qui fait le fond de nos discussions scholastiques ; vitalisme et spiritualisme sont voisins, ou mieux ils se suivent, ils s'entrelacent, ils se confondent : il faut considérer lorsqu'il y a matière, les maladies au point de vue passionnel ; les maladies sont des passions a-t-on souvent répété, à tort sans doute, mais il est certain que ces dernières s'agitent quelquefois secrètement sous l'oreiller du malade, et pendant que le médecin poursuit ses investigations les plus délicates, le diable par derrière se rit de ses efforts.

Lorsque l'on a longtemps étudié les divers accidents de la vie morale, on devient plus attentif aux phénomènes qui s'en échappent, on trouve là une vaste mine aux explorations des penseurs ; on arrive enfin à reconnaître que ce n'est pas seulement la matière qui est frappée dans la maladie, mais que la déviation de l'âme hors de ses voies, en se reflétant dans l'organisme, devient dans bien des cas le mal caché qu'il faut connaître : C'est ce qui faisait dire au P. de Ravignan que la maladie étant une torture, une épreuve, il préférait à l'oméopathie pour la combattre l'allopathie qui se rapprochait mieux de cette nature.

A l'appui de ce qui précède, je citerai encore ces paroles d'un savant et profond écrivain de nos jours : « Les hommes ne meurent point, ils se tuent ! ils diminuent la vie humaine, la force humaine et la beauté humaine, et la transmettent toujours diminuée. Frappés d'innombrables plaies corporelles, de coups visiblement portés par leurs passions ; les plus savants ne savent même pas reconnaître cette cause des maux du corps. On attribue à toutes les causes les les souffrances et les maladies excepté à la cause première et principale, et l'on cherche partout le remède excepté à la source même de la vie. (1) » N'est-ce pas sur ce terrain que devrait aboutir tant de thèses fragiles sur la fièvre essentielle par exemple, cette fièvre qui n'aura sa qualification acceptée et consent e par tous, que lorsque on la rattachera à son véritable point de départ ; nous nous étonnons de ne trouver aucune lésion dans les tissus, de n'apercevoir dans les liquides que des signes sans valeur, et après des conclusions de différents genres qui ne témoignent que les degrés de notre timidité, nous remettons à l'avenir de juger le point en litige.

Cette réserve ne suffit vraiment plus ; si nous voyons des délires, des prostrations, des hyperesthésies nerveuses, et que le scalpel et les réactifs interrogés sur leur source restent muets, ne serait-ce pas parce que nos investigations sont trop exclusivement dirigées vers le côté matériel de la nature humaine, ne serait-ce pas parce que nous oublions trop de faire intervenir dans nos études cette action réciproque de nos deux natures l'une sur l'autre : notre chair est aussi mobile que nos passions, et par les traces expressives que ces dernières laissent dans sa substance, elle prouve assez cette active concordance : c'est donc à nous de fouiller tous les mystères de cette dualité, de cette vie psychique qui, aussi bien que le corps, rentre dans l'état de maladie sous la domination du médecin. Gall et Spurzheim furent des nôtres.

D'ailleurs n'observons-nous pas dans le domaine de la physiologie

______

(1) P. Gratry.

pure des phénomènes qui jusqu'à un certain point matérialisent les rapports du physique et du moral, et sont comme des degrés qui conduisent de l'un à l'autre ; je citerai par exemple la pudeur, eh bien voilà un sentiment intime qui s'échappe comme un doux parfum de l'âme, sentiment insaisissable presque et que l'on a peine à définir exactement, et pourtant ce je ne sais quoi d'indéfinissable se matérialise en s'épanouissant et prend une forme en nous ; par lui le sang et les nerfs subissent comme une ondulation rapide, et ces deux systèmes se trouvent ainsi ébranlés, secoués par un mot qui a frappé l'oreille, ou une pensée qui s'est brusquement échappée du foyer intime de la vie. Et maintenant si l'on passe à un sentiment bien moins doux, à une passion qui est l'énergie par excellence, la colère, on pourra suivre avec une graduation plus facile encore, cette réaction du moral sur le physique, qui peut aller jusqu'aux limites de l'état pathologique ; le sang et les nerfs sont encore mis en jeu, un mot, un geste, une pensée a suffi, et voilà la substance cérébrale à la veille d'une congestion foudroyante. Entre ces deux phénomènes et les accidents de la maladie dont nous venons de donner l'histoire, la distance n'est pas aussi grande qu'on pourrait le croire, c'est le même jeu physiologique, seulement désharmonisé, et allant à faux avec une violence extrême.

D'autre part que de désordres morbides sont les analogues de ces deux actes si simples et si connus, que d'accidents échappés de la même source ; mieux étudiés ne jeteraient-ils pas un grand jour sur cette étude des rapports du physique et du moral qui se rétrécit tous les jours ; ces recherches n'auraient-elles pour résultat que de faire renoncer à vouloir mettre physiquement sous les yeux des phénomènes de causalité inaccessibles à nos investigations expérimentales, n'en mériteraient pas moins l'estime des savants. Nous raconterons en passant et à l'appui de ce qui précède un fait très-intéressant de physiologie passionnelle : une dame, mère depuis huit jours, ne paraissait pas devoir être bonne nourrice, et pour bien des causes, on mit près d'elle, contre son gré, une femme chargée de suppléer à ce qui lui manquait ; lorsqu'elle vit sa petite fille prendre le sein d'une étrangère, elle fut prise d'un sentiment d'émulation et de désir si énergique que les seins sur le point d'être taris se remplirent tout-à-coup au-delà de tout ce que l'on avait espéré auparavant.

Il existe beaucoup d'histoires de ce genre, mais on ne leur accorde pas une attention suffisante, on les relègue dans le chapitre des curiosités de la nature, sans songer combien ils contribuent à compléter la connaissance de l'homme, à étendre les données de la physiologie passionnelle, un autre chapitre qui est encore à faire.

Depuis quelque temps, il faut bien l'avouer, les études que j'appelerai libres se sont trop concentrées sur un même point ; le travail s'est fait égoïste et bien plus timide, il s'est mis à l'écart, replié sur lui-même et comme rebuté par les déceptions des hautes recherches, il s'est concentré à retourner dans tous les sens les mêmes matériaux ; la partie descriptive de la science en a profité et a voyagé à tire-d'ailes ; nous avons cent traités d'anatomie ou de pathologie descriptive pour un seul livre de thérapeutique, comme si l'art de décrire devait passer avant le soin de guérir ; l'œuvre de MM. Trousseau et Pidoux règne en maîtresse et sans rivale, et ce qui peut surprendre dans notre siècle de travailleurs ce n'est pas le succès bien mérité de ce livre, mais son isolement au sein de la bonne fortune. Est-ce pour cela que l'on juge aujourd'hui si sévèrement la médecine : voici ce qui s'écrivait textuellement dans *la Revue des Deux-Mondes*, du mois de décembre 1859 :

« Des principes et l'unité, voilà ce qui manque à la médecine aujourd'hui. Il est fâcheux pour l'art non moins que pour la profession qu'il en soit ainsi, car l'art perd tous les jours le caractère scientifique qu'il devrait acquérir et faute de ce caractère qui fait sa force, la profession n'a plus le prestige qu'elle devrait avoir. L'empirisme fait des progrès incessants et rapides, le nombre des empiriques se multiplie de plus en plus. Quant aux médecins uniquement occupés de la pratique comme d'un métier qui les fait vivre, ils s'inquiètent fort peu des questions de doctrine ; n'ayant plus conscience de leur valeur scientifique, ils voient leur importance décroître pour avoir oublié le rôle qui leur convient... Ce qui est aujourd'hui trop évident c'est que....; l'éducation philosophique qu'ils reçoivent est imparfaite ou vicieuse, et la culture intellectuelle est insuffisante aussi bien que la culture scientifique... des règles pour la direction de l'esprit, des principes scientifiques, des doctrines fondées sur ces principes avec une théorie... voilà ce qui manque à peu près dans toutes les écoles. »

L'auteur de cet article auquel nous ne nous associons nullement et que nous ne transcrivons que parce que la médecine ne doit point rester étrangère aux bruits du dehors, allant plus loin encore dans sa critique, pose en fait que la science médicale n'a rien à faire avec la théologie et la métaphysique, et qu'elle doit être soustraite à tout jamais à leur influence ; c'est là une contradiction, bien plus c'est une erreur de doctrine, familière à ceux qui ne jettent point un regard assez large sur l'horizon de l'avenir ; toute science a ou aura sa philosophie, cet anneau qui par la théologie la rattachera à la science du divin ; l'auteur ne l'ignore pas sans doute. Il est vrai que des savants se sont imaginés que la science serait le dernier mot de l'humanité et qu'elle remplacerait la théologie, mais cette ambitieuse prétention n'est qu'une de ces voix de la décadence, avec lesquelles il faut malheureusement compter un moment, car la décadence elle aussi est une face de la vie qui a ses cris, ses accents, son expression, sa puissance même. Toutes les sciences devant un jour se réunir en un point, comme les colonnes du temple qui se confondent et se perdent par leur sommet dans l'immensité de la voûte, nous osons croire que la science médicale dans ce faisceau brillera une des premières, car par son essence elle se rattache spécialement à la théologie, (1) avec laquelle elle a, plus qu'on ose le dire, une communauté d'action et de but. Son abdication d'un jour ne prouve rien contre elle, et s'il est vrai que son rôle soit aujourd'hui considérablement restreint, l'homme intelligent avouera toujours qu'elle porte dans ses entrailles tout un avenir de puissance et de rénovation sociale.

D'autre part les lois de la matière ont leurs analogues dans le

(1) On supprimerait la théologie au détriment de Dieu, qu'il faudrait la restaurer au profit de l'humanité.

monde moral, il y a là toute une étude à faire et qui appartient en propre au médecin ; ainsi la médication substitutive a son image dans la psychologie ; elle imite, elle reproduit la substitution d'une passion à une autre, comme un clou chasse un clou, a dit un saint Père ; le monde n'est que le développement bouleversé, contrarié d'un plan sublime qui s'y reflète pour ainsi dire à travers mille accidents de refrangibilité ; de là des sources de connaissances précieuses que nous ne pouvons dédaigner sans faire acte d'abdication.

Disons-le donc pour finir, la médecine n'est pas seulement dans le creuset du chimiâtre ou dans le cabinet de l'anatomiste, elle est partout sur la scène du monde, dans les passions des peuples, dans leurs triomphes ou leurs revers, elle va de l'infiniment petit à l'infiniment grand, et peut répéter dans le sens le plus large, ce vers du poète latin : *Nil humani a me alienum puto?*

Nancy. — Imp. et Lith. veuve NICOLAS, passage du Casino.

www.ingramcontent.com/pod-product-compliance
Lightning Source LLC
Chambersburg PA
CBHW061720060726
47597CB00006B/2491